ようこそ安全の国

JN113211

CONTENTS

ようこそ 安全の国

第１話　労働災害って？

画・松沢秀和

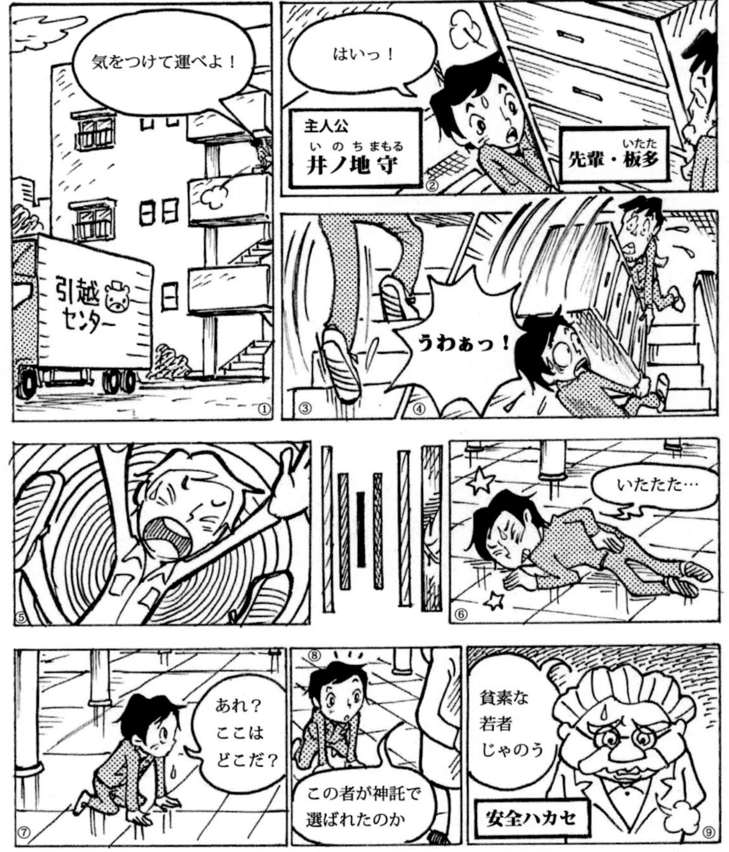

これから労働災害防止
についてミッチリ鍛えるから
覚悟せいよ！
まあ、
よい
なんなんだ、
あんた？
労働災害って？
平たくいえば、労働者が仕事中に
ケガや病気で負傷や死亡することじゃ。
お前さんの
国じゃ、
毎年 1000 人を
超える尊い命が
失われておる
休業 4 日
以上も
含めると
11 万人
以上じゃ
悲しい
こととは
思わんか
？？？僕はアルバイト
の途中ですし…
大学もありますので…
板多さん
は⁉
もう
食べられない
……
私からも
お願いします
セフティ姫
分かりました
ぐ〜
ぴ〜

つづく

ようこそ 安全の国

第2話　かけがえのない人

画・松沢秀和

【前回までのあらすじ】引っ越しのアルバイトで荷物を運搬作業中、なぜか「安全の国」に送り込まれた井ノ地守（いのち　まもる）。そこで「安全ハカセ」は守に、安全衛生管理を学ぶように命ずる。

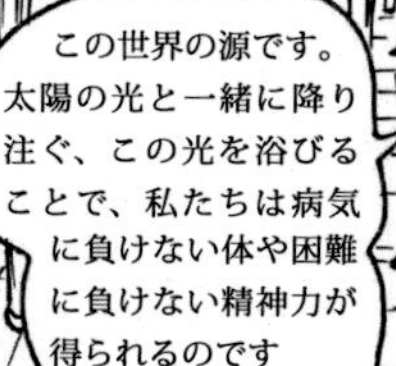

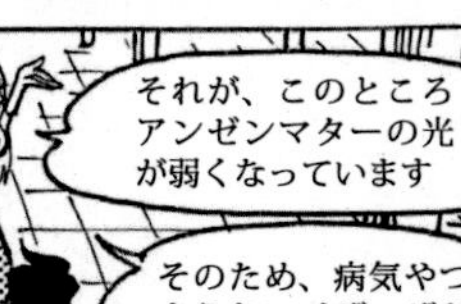

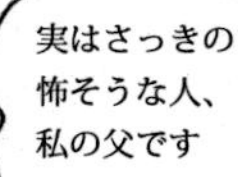

『次の春に特異点が開き、救世主が降りてくる。その者に安全衛生を学ばせよ』と
父は、守さんに世界を託すことを決意したそうです
いちるの望みがあるなら、そこにかけるしかないと
コホッ
コホッ
大変なことになってるんだな…
……
母さん、父さん、心配してるだろうな
ご両親のことを考えているのかな
お前さんは、人類にとっては72億人のうちの1人にすぎん
じゃが、家族にとってはかけがえのない大切な1人じゃ。何かあったらお互い正気ではいられないじゃろう
分かっているようじゃな
大丈夫じゃ。使命を終えたら帰れるようにする！
本当ですか！
神様も少しはましな人物をよこしたようじゃな…

つづく

ようこそ安全の国

第3話　現場の一人ひとりが主役

画・松沢秀和

【前回までのあらすじ】　神託によって安全衛生を学ぶことが使命だと告げられた伊ノ地守（いのち　まもる）。いよいよ安全ハカセによる講義が始まろうとしている。

⑧
昨晩も話したが、一人の被災は家族をはじめ周囲に大きな影響を及ぼす
場合によっては本人以上の苦痛をもたらす
⑨
そこで職場で行うのが、安全管理活動じゃ
⑩
不幸な事態を招く前に『安全と健康を先取り』してしまう取組みじゃ
ＫＹ、５Ｓ、ヒヤリハット、どれも「受け身」「やらされる」気持ちでは効果は期待できないぞ
ヒヤリハット
５Ｓ
ＫＹ
⑪
「現場の一人ひとりが主役」
主役
この意識がないと形だけの活動になり、かえって被災の可能性が高まってしまうかもしれん
⑫
まずは本人の自覚が大切なんですね
そのとおりじゃ
⑬
さっ、次いくぞ

つづく

ようこそ安全の国

第４話　入場１週間以内に多発

画・松沢秀和

【前回までのあらすじ】　いよいよ講義が始まった。安全衛生で大切なのは「現場の一人ひとりが主役」ということを学んだ井ノ地守（いのちまもる）。次のステップに進もうとしていると、何やら怪しげな影が…。

※現場入場経過日数別・災害の種類別死亡災害発生状況（平成22年）

つづく

ようこそ安全の国

第5話　安全衛生活動は誰のため？

画・松沢秀和

【前回までのあらすじ】　ようやく目が覚めた板多が、なりゆきで安全の講義に参加する。新規入場者は現場入場1週間以内に災害が多いことを学ぶ
授業の途中、何が不満なのか板多は大あくび。一堂の雰囲気が凍りつく。

ゴクン
板多さん、安全は会社に何かあったらまずいからやってるだけっていってましたね
正確にいえば〝企業防衛〟の面から安全衛生は必要だということじゃな
会社には、大勢の人が働いておる
みんなが生活の糧を得るために働いておる
もし、会社がなくなり生活の手段を失ったら、残された従業員はどうなる？
人の命を守ることも会社を守ることも皆、人々の幸福のためじゃ。それが…
安全衛生活動なんですね！
じゃが、昨今、ルールを逸脱している不心得な経営者も少なくないようじゃ
やれやれ
この部分はもう少し後にしようと思ったが、順番が狂ったわい
あれれ？
何だかまた寝ちまったようだ
お目覚めですか？
つづく

ようこそ安全の国

第６話　作業に潜む健康障害

画・松沢秀和

【前回までのあらすじ】　安全衛生の講義を受けている途中、ブラック企業ばかりで働いている過去を思い出してしまった板多。大声で叫んだため講義の妨げになると、安全ハカセは板多を休憩させることに。一方、安全衛生活動は、企業防衛の面からも必要であることを学んだ守だった。

⑩

労働災害というとケガだけと思いがちじゃが、作業そのものや作業環境中に潜む有害性が原因となって、**健康障害**も多く発生している

⑪ このほか、酸素欠乏症、熱中症、石綿による健康障害などがある

⑫

〈主な職業病の発生要因〉

種類	発生要因
腰痛症	腰部に対する過度な重量負担や慢性筋肉疲労
振動障害	振動による手指の収縮による血液の流れの減少、末梢神経や骨、関節、筋肉の障害
酸素欠乏症、 硫化水素、 一酸化炭素など 有毒ガス中毒	酸素不足、炭酸ガス・メタンガスなどの突出による窒息、 一酸化炭素など有害ガス吸入による中毒
じん肺（石綿肺、溶接工肺）、職業ガン	粉じんに長期間さらされるために起こるじん肺、発ガン因子吸入によるガン
有機溶剤中毒	有機溶剤の吸入や皮膚吸収による精神神経障害、血液障害
熱中症 日射病 熱射病	発汗による体温調節が間に合わない
騒音性難聴	内耳神経など、感音器官のマヒ
電光性眼炎	紫外線による角膜・網膜などの刺激

⑬

⑭ ⑮

⑯ ⑰ ⑱ ⑲

つづく

ようこそ安全の国

第７話　建設現場の熱中症対策

画・松沢秀和

【前回までのあらすじ】　作業環境に潜む有害性が原因になる健康障害について学ぶ守と板多。この季節には、とくに熱中症対策が必要であると安全ハカセの説明を受ける。実際に現場に出て学ばせようとする安全ハカセ。守と板多が飛ばされた先は？

体内に熱がたまると筋肉痛、吐き気、倦怠感、といった症状がでるのさ。重症になると意識障害が起きるから、この季節は注意してるだよ
熱中症の予防には、こまめな水分、塩分補給と暑さを避けることが大切だっぺ
そこで作ったのが〝シェルター〟さ
うわっ！冷えてる
涼し〜い
冷蔵庫には、おしぼり、飲物、梅干が入ってるだ
作業中〝まずい〟と思ったら、ここに避難するようにいってるのさ
ここの現場は広い。いくつかこうしたシェルターがある
こっちゃこ
あっ涼しい
クールミストじゃな
そうでがす
この現場は設備も立派だが、朝礼のときにリーダーが、疲れている人、青白い人、二日酔い、睡眠不足、肥満の人、高齢者といった熱中症にかかりやすい人をチェックしてるのじゃ
疲れている人
青白い人
二日酔い
睡眠不足
肥満の人
高齢者
すごい現場ですね！
つづく

今回から４ページ！

ようこそ安全の国

第８話　不安全行動と不安全状態

画・松沢秀和

【前回までのあらすじ】　安全の国にある、とある建設現場を見学した守と板多。〝ジェルター〟やクールミストなどの行き届いた設備に驚く。朝礼では、熱中症にかかりやすい人のチェックをするなど万全の体制に感心する。

不安全な行動とは、事故や災害をもたらすこととなった、作業者自身のなかに見られる不安全な要素が行動に現れたものをいう
例えば
「安全装置を無効にする」
「安全な措置を実施しない」
「危険な場所に接近する」
「誤った作業動作」
「危険な状態をつくる」
「機械・装置などを指定外で使用する」
「運転中の機械、装置などの掃除」
「注油、修理、点検などを怠る」
……
入
切
安全装置を無効
危険な場所に接近
運転中の機械に触れて…
「運転を誤る」
「不安全と分かっていながら放置をする」
というのも不安全行動っスよね
そうじゃな
なぜ、そうなるかといえば、うっかり、ぼんやり、思い込み、などがあげられるが、
その背後にはそれなりの理由がある
それが…
ヒューマンエラーでしょう

続いて、**「不安全な状態」**じゃ

事故災害を引き起こす原因となる、設備など**物的なものが欠陥状態（不安全状態）にある**ことをいう

例えば、
「防護措置に欠陥がある」
「物の置き方や作業箇所が安全でない」
「防護具、服装などに欠陥がある」
「作業環境に欠陥がある」
「作業方法に欠陥がある」
——などじゃ

立入禁止

防護措置に欠陥

保護具の損傷

汚れた作業着

そうか

逆にいえば、

どちらか一方でもなくせば、グッと確率は低くなるということだな

うむ、

とくに作業者としては、「不安全行動」に注意をすることが必要じゃ

板多さん、本当にヤル気になったようだな

僕も負けてはいられないな

競争心がでてきていい感じになったわい。現場に連ていったのがよかったかな

つづく

画・松沢秀和

第９話　職場のルールは厳守！

【前回までのあらすじ】災害発生原因には、「不安全な行動」と「不安全な状態」に大別されることを学んだ守と板多。ヤル気になった板多に、守のライバル心に火がつく。

①
セフティの部屋

②
筆頭侍女　シエン

③
コホンコホン

④
本来ならワシが王となって国の面倒を見るべきなのだが…
いつも、すまないね

⑤
お父様、それは言わない約束でしょ
お父様は研究に打ち込んで下さい

⑥
王ゆえに、アンゼンマター低下の影響を誰よりも強く受けてしまう…本当にすまない
だから、言わないでください

⑦
でも、あのお二人が、この国に来てから、以前より具合いがよくなりました。
やはり、神託は真実なのでしょう

⑧

誰ですか！
覗いているのは
コラーッ
なんで俺だけ？
いやぁ～
ドアが開いて
いたもので…
守さん、
いつも、
ありがとう
ございます
いえっ
僕は何も
していま
せんが…
いいえ、
お二人は
この国の
希望なの
です
……
教室
なんで俺だけ？
本日は、
職場のルールに
ついてじゃ

ルールの根幹は、
労働安全衛生法、
労働安全衛生規則
などの法令じゃ
⑲
それに基づいて、
事業所や職場では
「安全作業のルール」
が定められている
⑳
職場のルールは
就労に当たっての
約束事じゃ。
㉑
建設現場などでは、ルール違反を
した場合、即刻退場となる現場も
あるそうじゃな
㉒
ルールというのは、過去
の災害事例が残した貴重
な教訓ともいえる
㉓
希望なのです
㉔
したがって、ルール無視や
活動軽視は命取りという
ことを覚えておくことじゃ
㉕
㉖
例として建設現場
の新規入場者の
基本ルールを
示しておこう
他業種にも
参考になる点が
あるじゃろう
㉗

1　朝礼には必ず参加のこと。
2　朝礼後はＫＹ活動を行い、記録簿に全員が署名すること。
3　作業に適した服装（安全靴・保安帽・バックバンド着用）で必要な保護具を用いて作業すること。
4　保安帽は必ずバックバンド、アゴひもをしっかり締め、高所作業では安全帯を使用すること。
5　職長からの連絡事項を厳守すること。
6　酒気を帯びての作業はしないこと。
7　定められた安全通路および昇降設備を使用すること。
8　立入禁止などの表示に従うこと（重機作業半径内・足場組立解体・型枠支保工組立解体・開口部　ほか）。
9　機械の運転、検査などは有資格者以外の者は行わないこと。
10　機械・電動機・スイッチは定められた者以外は取り扱わないこと。
11　場内での車のスピードは指定速度を厳守すること。
12　高所からの物の投下は絶対にしないこと。
13　作業中のくわえ煙草の厳禁はもちろんのこと、許可なく指定以外の場所で喫煙・たき火をしないこと。
14　日常の暴飲・睡眠不足をさけ、定期的（１年に１回）に健康診断を行い、常に健康に注意すること。
15　身体に異常がある場合は、元請けの社員もしくは職長に申し出ること。
16　会議室・更衣室・食堂・休憩室・トイレなどは常に清潔にして当番を決めて、掃除すること。
17　自分の持物を常に整理整頓し、作業終了 10 分前に身の回りの片付けを行うこと。
18　通勤帰宅の際に車を運転する者は、交通法規を順守し安全に十分配慮すること。
19　近隣住民・通行人に対して迷惑になる行為は行わないこと。
20　けが・事故などが発生した場合は、程度の大小に関わらず、直ちに職長に報告すること。

㉘

㉙ ㉚ ㉛

つづく

ようこそ安全の国

画・松沢秀和

第10話　作業を分解！「安全作業手順」

【前回までのあらすじ】　病気で伏せていたセフティから「国の希望」と言われ困惑する守。「職場のルール」についての授業も身に入らない。そんなとき、侍女のシエンから、セフティが大変なことになっているとの知らせが…。

【ストーリー】　引っ越しのアルバイト中になぜか「安全の国」に送りこまれ井ノ地守（いのちまもる）と先輩の板多。その安全の国ではエネルギーである「アンゼンマター」が低下し、荒廃の危機にあった。神託によりアンゼンマターを取り戻すカギは、守たちが安全衛生を学ぶことという。安全ハカセの指導の下、今日も授業が始まる。

飛び出して
すみません
でした
気がすんだかね
席に着きなさい
……
意外と
あっさりだな
友だちだなんて
おこがましい
教室
さて「安全作業手順」
について説明すると
しよう
安全作業手順は、作業を安全に
確実に、能率よく仕上げるため
に「手順」と「急所」を作業の
流れにそってまとめたものじゃ
作業をするうえで安全面で
とくに気をつける点を把握
しておけば、
疲れも少なく楽に正しい
作業ができるということ
じゃな
ポイントは、
作業を分解
することじゃ
分かりやすい
ところで、資材の
手運搬作業を
分解してみよう

荷降ろし場所の点検
運搬系路の点検
鉄筋を束ねる
持ち上げて担ぐ
運搬する
とまる
荷を降ろす
㉖
といった手順に分解できる
そして、手順ごとに急所を付け加える。例えば手順が「荷降ろし場所」の点検の場合は急所は「置場の整理整頓」といった具合いかな
㉗
続いて
「運搬経路の点検」（手順）
↓
「通路の障害物」（急所）
「鉄筋を束ねる」（手順）
↓
「手を挟まれないようにする」（急所）
といった感じかな
㉘
安全作業手順書には、
手順、急所のほか防止対策
や実施者を記入できるよう
にするとよいだろう
㉙
一般的な安全作業手順書のモデルを掲載したいのだが、誌面のスペースがないばかりに、残念じゃ…
グッグッ
こらえて
だよ
㉚
勝手な作業の変更や省略は、ムリ、ムダ、ムラを生じさせるだけでなく、災害の可能性を高めることになる
安全作業手順をきちんと実行すべきなのはいうまでもあるまい
㉛

つづく

ようこそ安全の国

画・松沢秀和

第11話　5Sは安全衛生活動の基本

【前回までのあらすじ】　セフティが大変なことになっていると、駆けつけた守だったが、回復して元気に仕事をしていただけだった。そこで守はセフティに対等の友達になってほしいと懇願する。了解を得た守は、晴れ晴れした気分で「安全作業標準」の授業を受けるのであった。

【ストーリー】 引っ越しのアルバイト中になぜか「安全の国」に送りこまれた井ノ地守（いのちまもる）と先輩の板多。その安全の国ではエネルギーである「アンゼンマター」が低下し、荒廃の危機にあった。神託によりアンゼンマターを取り戻すカギは、守たちが安全衛生を学ぶことという。安全ハカセの指導の下、今日も授業が始まる。

すぐに使わない物が
あったり…
雑然と物が
置かれていれば、
スペースがなく、
作業しにくい状態では、
能率もあがらないだろう
危険な箇所に
気がつきにくくなる
そこで、
5S活動だ
Seiri（整理）　Seiton（整頓）
Seisou（清掃）　Seiketu（清潔）
Situke（躾）
の頭文字をとったものだな
Syuukan（習慣）
やSahou（作法）も入れて、6Sとする事業場もあると聞きましたが…
そうだね。よく勉強しているじゃないか
まあ、
ここでは
5Sでいこう

それぞれの意味は…

整理…いる物といらない物を区別して、
いらない物を処分する

整頓…いる物を所定の場所に
きちんと置く

清掃…身の回りの物や
作業現場を
きれいにする

清潔…いつ誰が見ても、
誰が使っても
不快感を与えないよう
きれいに保つこと

躾…現場のルールや
規律を守らせる

㉑

ということになる

つづく

画・松沢秀和

第12話　整理・整頓から始めよう

【前回までのあらすじ】　アンゼンマター増幅の謎を解くため、研究室にこもると言い出した安全ハカセ。授業が滞らないよう守と板多は、徳田に5Sについて学ぶよう安全ハカセから指示を受けた。徳田は、「整理・整頓は安全衛生の第1歩」と説く

①
ウチの事業場では、毎週金曜日の午後を〝一斉清掃の日〟に当てている

②
皆が一斉に取り組むことで、５Ｓへの意識を高めようというわけだな

③
まずは、整理についてだ！

④
必要な物と不要な物に分け不要な物を整理する、ことをいう

⑤
これ、どうする？

【ストーリー】　引っ越しのアルバイト中になぜか「安全の国」に送りこまれた井ノ地守（いのちまもる）と先輩の板多。その安全の国ではエネルギーである「アンゼンマター」が低下し、荒廃の危機にあった。神託によりアンゼンマターを取り戻すカギは、守たちが安全衛生を学ぶことという。安全ハカセの指導の下、今日も授業が始まる。

⑥

⑦
まだ、使えるんじゃないか？
そうかなぁ

⑧
それは、処分といこうじゃないか

⑨
わかりました
まだ使えそうな気もしますが…思い切りましたね
そう、処分には思い切りが大切なんだ
必要
不要

⑩
いつもはリーダーが判断しているのだが、今日は有休らしい

⑪
そういうときのために基準をつくっておくといいんじゃないっスか
そのとおりだね

⑫
さて、お次は整頓だ

⑬
必要なときに、必要な物を取り出せるようにしておく状態をつくることだな

⑭
こっちへきてごらん

テープ
ひも
手袋
手袋
きれいな棚ですね
お見事！
この表示、
しゃれてますね
手袋
色分け、絵表示でどこに
何があるか分かりやすく
している
資材、工具類は取り出し
やすいよう〝置き方〟を
工夫することが大切だ
そういえば…

この、はめ込み式
の工具入れも
みんなで作った
ものだ
これは
片付けやすいですね
紛失防止にも
なるな
物をきちんと置くと、場内がすっきりして
気持ちのいい作業環境になる
つまり
作業効率が上がる
というわけだ
さて
次は…
皆さん、お疲れ様です
セフティ
さん！
つづく

画・松沢秀和

第13話　清潔な職場づくり

【前回までのあらすじ】　毎週金曜日の午後は「一斉清掃の日」と定めている徳田が勤務する工場。実際に様子を見学しながら、整理・整頓について学んだ守と板多だった。そこへセフティとシエンが現れ…。

①
どうしたんですか？

父から『検証するから一緒に学んでくれ』と言われました。

②
何のことだか、実はよく分かっていませんが…

③
？

④
でも、いろいろと勉強したいので、本日はよろしくお願いします

⑤
こういうとこ、好きじゃないんだけどな…

⑥
暴力メイドもいるのか…

!

⑦
筆頭侍女です！

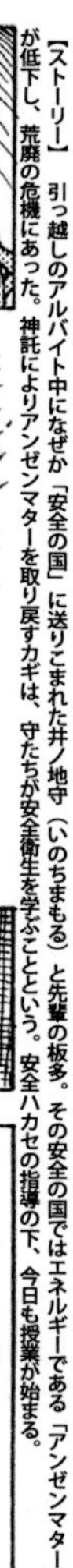
【ストーリー】 引っ越しのアルバイト中になぜか「安全の国」に送りこまれた井ノ地守（いのちまもる）と先輩の板多。その安全の国ではエネルギーである「アンゼンマター」が低下し、荒廃の危機にあった。神託によりアンゼンマターを取り戻すカギは、守たちが安全衛生を学ぶことという。安全ハカセの指導の下、今日も授業が始まる。

⑧

途中からになってしまうが、分かりやすく説明していこう

⑨

清掃は全員で行うのが基本だ

作業場所はもちろんだが、共用部分は分担表を作って担当者を決めている

⑩

分担表

清掃場所	担当者	印	印
休憩室	松谷		
通路	平野		
トイレ	西		
掲示板	小沼		
食堂	大門		

⑪

僕たちも手伝いましょう

そうですね

⑫

通路

⑬

休憩室

⑭

どこにいくんだ？
ちょっと、そこまで
どうやら、終わりそうですね
これ、休憩室に生けてください
ホーッ
気がきくね
シエンはいつも私の部屋をお花で飾ってくれるんです
さすが、筆頭侍女だね
さて…
君たちのお陰でいつもよりきれいになった
清潔な職場づくりは床をゴミや障害物のないきれいな状態にするところから始まるんだ

とくに粉じんが発生しやすいところや、有機溶剤を
使用する場所では、作業環境のチェックが必要だ
危険有害なものを排除し
衛生的な作業環境を維持して
いくんだ
職場だけではなく、
自分自身の清潔も
大切だと思います！
おりゃ
先に言われ
ちゃったな
作業服、帽子、
安全靴、
ちょっと
汚いですよ！
そりゃ、
がんばって
掃除したからな
さっ、
着替えに
いきましょう
手洗い、うがいもするんだ
ぞーっ

つづく

画・松沢秀和

第14話　躾は普段の声かけから

【前回までのあらすじ】　途中から徳田の指導に加わったセフティとシエン。守たちとともに掃除をしながら、5Sの清掃と清潔について学ぶ。今回は最後のS、「躾」を学習する。

①
一斉清掃も終わりのようですね

②
きれいな工場は本当に気持ちがいいな

実は、ここまでくるのに結構苦労したんだ

③

④
私が赴任する2年くらい前までは、道具や資料で作業場所が散らかっていたり…

⑤
通路にペットボトルなんかも落ちていた

しかも、誰も片付けようとしない…

⑥
そんなことがあったんですか

【ストーリー】　引っ越しのアルバイト中になぜか「安全の国」に送りこまれた井ノ地守（いのちまもる）と先輩の板多。その安全の国ではエネルギーである「アンゼンマター」が低下し、荒廃の危機にあった。神託によりアンゼンマターを取り戻すカギは、守たちが安全衛生を学ぶことという。安全ハカセの指導の下、今日も授業が始まる。

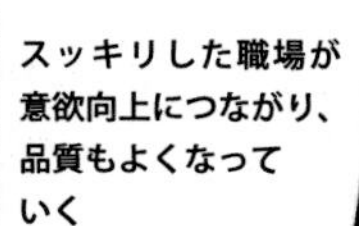

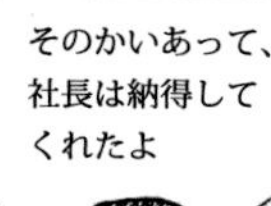

でも、
続けて
いくのは
大変では
ないのですか
トップの
想いが、
皆を動かす
んだな

『決められたことを守り、任されたこと
はやり遂げる』ようにさせたんだ
そう、
そこで躾だ
もちろん、
いうだけじゃダメだ

その前に普段から作業員に声をかけて
適切な人間関係をつくっておくことが
大切だ
調子は
どう？
おかげ
さまで

５Ｓを日常作業に組み入れたり、
一人ひとりに役割と責任を与え
自主的な行動を促したり
…いろいろと試行錯誤したよ
5S
役割
責任
さて
勤務時間は
これで終わり！
一杯、どうかね？
いいですねー
やったー
そのぉ…
私たちは
ちょっと
…
いい
ですわね！
えっ!?
ムリしなくても
いいんだぜ
行きます！
侍女としておとも
しなければなりません！
行きつけの
ヤキトリ屋
だがね
とほほ…
私は
イタリアンの
ほうが…

つづく

画・松沢秀和

第15話　危険感受性高めるKYT

【前回までのあらすじ】徳田の工場で5Sについて学んだ守たち。きれいで働きやすい職場を継続していくためには、「躾」が大切であることを知る。今回からは新展開、守たちは「KY」を学習する。

①
ハカセの研究室
ふむ、予想どおりの数値じゃわい
何がですか？

②
セフティのバイタルデータじゃ

③
守くんたちと学ばせたことで、かなり改善しとる
やはり、彼らとわれわれの世界はつながっている…とみて間違いない

④
ということで、もう少し研究を続ける
ＫＹの授業は、あの御仁にお願いしよう

⑤
あの人ですか…
大丈夫ですかね

⑥
とある事業場

⑦

【ストーリー】　引っ越しのアルバイト中になぜか「安全の国」に送りこまれた井ノ地守（いのちまもる）と先輩の板多。その安全の国ではエネルギーである「アンゼンマター」が低下し、荒廃の危機にあった。神託によりアンゼンマターを取り戻すカギは、守たちが安全衛生を学ぶことという。安全ハカセの指導の下、今日も授業が始まる。

石見です。ハカセから聞いています。今日はよろしく
よろしくお願いします
こちらこそ
⑱

研修室
〝ＫＹＴ〟
これは危険予知トレーニングの略です
KYT
⑲

⑳

活動の目的は、作業者一人ひとりの**「危険に対する感受性を高める」**点にあります

グループで、その日の作業の中で考えられる危険要因を自由に話し合い、安全を先取りする極めて有効な安全活動です
㉑

具体的には、
①どんな危険が潜んでいるか、
②その危険が及ぼす現象と問題点は何か（危険のポイント）を考え、
③特に危険と思われることへの対策を立て、
④すぐに実践する必要のあるものを絞り込んで行動目標を決める――
というプロセスで行います
どんな危険があるか…
対策は…
㉒

基本は基礎４ラウンド法といわれる手法です
㉓

第１R　これからの作業に、どんな危険が潜んでいて、どうなるのかを話し合う
例えば「～なので　～になる」
「～して　～になる」

第２R　危険なポイントをマークする

第３R　第２Rでマークした危険への対策を考える

第４R　安全に作業するためにはどうすべきか、自分たちの行動目標を決める
指差し唱和で目標を確認する

つづく

ようこそ安全の国

画・松沢秀和

第16話　グループ演習やってみた

【前回までのあらすじ】新入社員教育に交じってKYTの研修を行うこととなった守と板多。ひとクセありそうな石見の指導で、KYの意義を学ぶ。続いてグループで演習を行うことに…。

リーダーは…井ノ地さん、やってもらえますか

はい

オレが書記をやるよ

こんなヤツラに頼らなくても、僕がこの国の安全を守る！

救世主のお手並み、見せてもらうぞ

それではＫＹシートを見てください

原料を台車に乗せて、バックしながら外へ出ようとしているイラストです

危険予知訓練シート

どんな危険がひそんでいるか状況

この状況では、どんな危険が潜んでいますか？

「～なので～になる」といった具合いでお願いします

【ストーリー】　引っ越しのアルバイト中になぜか「安全の国」に送りこまれた井ノ地守（いのちまもる）と先輩の板多。その安全の国ではエネルギーである「アンゼンマター」が低下し、荒廃の危機にあった。神託によりアンゼンマターを取り戻すカギは、守たちが安全衛生を学ぶことという。安全ハカセの指導の下、今日も授業が始まる。

① 後ろを向いて台車を引いているので
敷居と台車の間に足を挟まれる
② 後ろ向きで片手でドアに手をかけて
いるので、ドアに指を挟まれる
③ 片手でドアを開けながら 台車を
上に上げて 腰を痛くする
④ 敷居が出っ張っているので
台車が当たって振動で荷が落ちて当たる
⑤ 後ろ向きに台車を引いているので
敷居に足が引っかかり 転ぶ

⑫

では、この中から
特に重要なものを
選びます

⑬

⑱
台車は前向きに押して運ぶ…
⑲
ドアを先に開けて、
歯止めをしてから入る！

㉑
構えて！

⑳
それなら、
チーム行動目標は
「ドアを先に開けて
歯止めをして、台車
は前向きに押そう
ヨシ！」
でいきます

㉒
ドアを先に開けて歯止めをして
台車は前向きに押そう
ヨシ！

㉓
ページの都合で省略した
ところもあったが…
なかなかヤルじゃないか…
認めてやるか…

つづく

ようこそ安全の国

画・松沢秀和

第17話　ブレーンストーミングで考えよう

【前回までのあらすじ】　新入社員教育の一環のＫＹＴで、グループ演習を行った守と板多。見事なリーダーシップぶりに2人を色メガネでみていた石見も見直すようになった…。

【ストーリー】　引っ越しのアルバイト中になぜか「安全の国」に送りこまれた井ノ地守（いのちまもる）と先輩の板多。その安全の国ではエネルギーである「アンゼンマター」が低下し、荒廃の危機にあった。神託によりアンゼンマターを取り戻すカギは、守たちが安全衛生を学ぶことという。安全ハカセの指導の下、今日も授業が始まる。

はい、１ラウンドでは
自由な雰囲気で
たくさんアイデアを
出すことができました
お互いの意見を
批判することが
なかったのが
よかったと
思います
永田さん
はどう
ですか
出たアイデアを
ヒントにして
さらにアイデアを
飛躍することが
できました
そうですね
あなた方のグループは、指差し唱和も
元気よく、とてもよかったですよ
なお、
「どんな危険が
潜んでいるか」
を考えるときは
ブレーンストーミング
方式で行います
ブレーンは頭脳、ストーミングは嵐。
「眠れる脳を嵐のように動かせて、
自由奔放にアイデアを引き出そう」
ということです
アイデア

危険に対する考え方は千差万別で、ある人にとっては問題と思われなくても、別の人には危険と思われることがあります。
キケン!!
キケン
キケン?
意見や考えを引き出すには、とても有効です
また、ＫＹＴには毎日の積み重ねが大切です
継続によってはじめてレベルが向上します
KYT
注意しなければならないのは、毎日のＫＹＴは短時間で行われるため、形式的になってしまうことがあります
「ただやるだけ」では意味がありませんからね
ここで学んだ基礎４ラウンド法の原則を逸脱しないようお願いします
ＫＹの本質をよく理解して、みんなの参画で取り組んでいきましょう！
はい！

つづく

ようこそ安全の国

画・松沢秀和

第18話　いろいろなＫＹＴ

【前回までのあらすじ】「安全を思う気持ちはみんなと同じ」という板多の言葉から仲間意識が芽生えた石見。ＫＹの授業で、石見はブレーンストーミング法や4ラウンド基礎法の重要性を解説した。

⑤ 作業開始前、その日に指示された作業について危険を予測します。

⑥ 実際に作業に生かす手法です

⑦ １人ＫＹは一人ひとりが作業場所において危険を予測します

⑧ 安全な作業行動をとらせるための単独ＫＹ手法です

⑨ 作業開始前に健康状態をチェックすることを**健康ＫＹ**といっています

⑩ 職場で災害をゼロにするには、まず健康でなければならないという考え方を基本としています

顔色ヨシ！

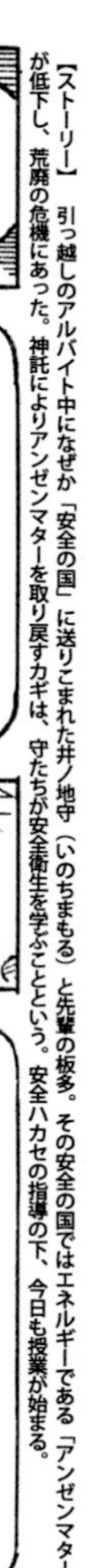

【ストーリー】　引っ越しのアルバイト中になぜか「安全の国」に送りこまれた井ノ地守（いのちまもる）と先輩の板多。その安全の国ではエネルギーである「アンゼンマター」が低下し、荒廃の危機にあった。神託によりアンゼンマターを取り戻すカギは、守たちが安全衛生を学ぶことという。安全ハカセの指導の下、今日も授業が始まる。

このほかにも、
現地現物で行う
現地ＫＹや指示ＫＹ
などいろいろな
手法があります
ＫＹＴは朝礼や
ミーティングなどの
時間に行うことが
多いのですが…
作業場所や内容が
変われば危険性、
有害性も変わります
キケン
そのため、
その都度、
行う必要が
あります
ＫＹは事業場の「安全文化」が色濃く
反映されています。実施方法は会社によって
多少のバラつきはあるでしょう
なお、わが社では
基本を忠実に行う
こととしています
ＫＹは安全意識や
安全行動のレベルを
向上させる有効な
手段です！
ですから毎日実践
することが大切
です！
以上です
これで講義を
終わります

いい講義でした
ありがとうございます
残念ながら、この国では労働災害が増加しています。それをなんとしてでも食い止めねばなりません
僕らには何ができるのか、本当の使命は何なのか、さっぱり分かりません
一緒にガンバろうぜ！
そうですね！
でも、僕らが安全を学ぶことで、この国がよくなるというのならば、
ひたすらに勉強するだけです！
安全に終わりはありません！

つづく

画・松沢秀和

第19話　正確度高める指差し呼称

【前回までのあらすじ】　TBM－KY、1人KYなど現場で行う実践的KYがあることを石見の授業で学んだ守と板多。始めは苦手としていた石見ともずっかり意気投合した。

①
②
遅刻、遅刻〜！
③
エッ！
④
⑤
いたたぁ〜
⑥

【ストーリー】　引っ越しのアルバイト中になぜか「安全の国」に送りこまれた井ノ地守（いのちまもる）と先輩の板多。その安全の国ではエネルギーである「アンゼンマター」が低下し、荒廃の危機にあった。神託によりアンゼンマターを取り戻すカギは、守たちが安全衛生を学ぶことという。安全ハカセの指導の下、今日も授業が始まる。

この間、
石見さんに教えて
もらったんだ
安全の現場では誤判断、
誤操作を防止して、
作業の正確度を高めるもの
だが、生活の場でも
使えるゾ
ふ～ん
やり方はだな…
確認すべきところをしっかり目で見て…
左手は腰
右腕を伸ばし
人指し指で対象を指す
いったん耳元まで
振り上げて
大きな声で
「ヨシ！」
スイッチ・オン
ヨシ！
この場合は
「曲がり角　廊下
ヨシ！」
とかな…
そのとき自分の声を
よ～く聞くんだ
目、腕、指、
口、耳――。
総動員して安全性、
正確性を確認
するんだ
やってみ

曲がり角　廊下
ヨシ！
元気ないなぁ
曲がり角　廊下
ヨシ！
こんな感じだ
名前を呼ぶと
記憶に残り、
大脳の活動レベル
が上がる
頭の冴えた
状態を作ることで、
正確な作業
ができる――
ということだな
そうなんだ
あっ
いけない！
早く、
セフティ様の
ところに
いかなくちゃ
うわ～
遅刻、
遅刻～
ちゃんと
分かって
くれたかな？

つづく

画・松沢秀和

第 20 話　ヒヤリ・ハットとハインリッヒの法則

【前回までのあらすじ】 城の廊下で、ぶつかりあった板多とシエン。板多は、慌てん坊のシエンのために、一呼吸おいて確認をする指差し呼称を教えた。

【ストーリー】　引っ越しのアルバイト中になぜか「安全の国」に送りこまれた井ノ地守（いのちまもる）と先輩の板多。その安全の国ではエネルギーである「アンゼンマター」が低下し、荒廃の危機にあった。神託によりアンゼンマターを取り戻すカギは、守たちが安全衛生を学ぶことという。安全ハカセの指導の下、今日も授業が始まる。

ヒヤリ・ハットという言葉は
高所から落ちそうになって
ヒヤッとしたとか、
感電の手前で**ハット**気づいて
冷汗をかいたような体験を
ひとまとめに
表現したものです

知らず知らずのうちに
不安全な作業を
していたときや
危険な状態に
近づいていたとき、
かろうじて災害から
逃れてケガをせずに
すんだ例や、
あとになって
ゾッとした危険な体験
をヒヤリ・ハット
と呼んでいるんです

ヒヤリ・ハット
報告活動は危なっか
しい体験やケガを
しそうになった
経験を自分の
教訓とする
だけじゃなく…

職場の仲間に情報を流すことで、
お互いに注意を促すんです

そうしたことで、
安全対策の改善にも
役立ててもらおう
というものなんだ

1件の死亡・
重傷災害が
発生する前には、
29件の軽傷災害
があり、
さらにその前
には300件
のヒヤリ・
ハットがある
とされています

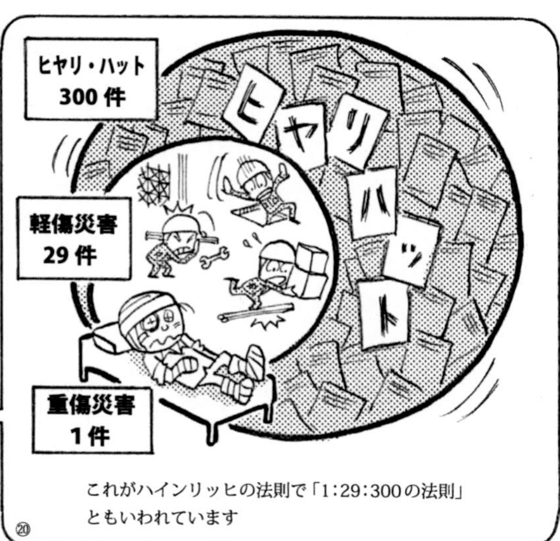
ヒヤリ・ハット
300件
ヒヤリハット
軽傷災害
29件
重傷災害
1件
これがハインリッヒの法則で「1:29:300の法則」
ともいわれています

つまり――
ヒヤリ・ハットを
放置すると大ケガ
となる災害を招く
ということなんです
なるほどねー
あんたの説明
より分かり
やすいわ
何～～!!!

つづく

画・松沢秀和

第21話　提出しやすい雰囲気づくりを

【前回までのあらすじ】　石見の事業場で、ヒヤリ・ハット報告の集計を手伝うこととなった守、板多、セフティ、シエン。何も知らないシエンのためにヒヤリ・ハットの意味や狙いどころを教える守たちだった。

【ストーリー】　引っ越しのアルバイト中になぜか「安全の国」に送りこまれた井ノ地守（いのちまもる）と先輩の板多。その安全の国ではエネルギーである「アンゼンマター」が低下し、荒廃の危機にあった。神託によりアンゼンマターを取り戻すカギは、守たちが安全衛生を学ぶことという。安全ハカセの指導の下、今日も授業が始まる。

⑥
今度の安全衛生委員会までに資料を作らなければいけないんだ
皆さん、本当に助かります

⑦
あの人も「走れ！安全くん」に出てましたよね
ここはパラレルワールドだ もう何も言うまい
？

⑧
私も集計に加わるとしよう
その前に石見くん、
この報告書どう思う？

⑨

ヒヤリ・ハット報告	
いつ	
どこで	
どうしたときに	作業等の種類
ヒヤッとしたときの状況 どうしたらよいのか・対策を記入すること	
提出者	所属　　　　氏名
所見	上長コメント

⑩
基本的なフォーマットですね
シンプルで記入しやすいと思います

⑪
そうだね
いつ、どこで、どうしたときに、どうしたらよいのか、を書き込むようになっている
実に分かりやすい様式だ

ヒヤリ・ハット報告で大切なのは情報がオープンになること！
きちんと伝わることが大切だ
でも、この書類の多さを見てくれ！
活動が盛り上がっている何よりの証拠じゃないか
昨今は報告書の欄に、リスクアセスメントを盛り込んでいると聞いている
ぜひ、ウチもそうしようじゃないか
今度の委員会の議題にあげようかと思っている
ある事業場では、場所や作業内容などはコード化して、データに入力しやすいようにしているとも聞きました
それと集計も結構大変なんです

ぜひ、検討事項に加えてください
分かった。それも取り上げよう
それにしても、結構ありますね
ヒヤリ・ハットは貴重な情報源だからね
提出しやすいよう雰囲気づくりを心がけている
例えば、人間はミスをすると誰でも隠したがるものだ…
責められたりするのは誰だってイヤだろ
でも、それでは皆提出しなくなってしまう
職場の危険がどこにあるか、分からないままでは困るんだ
だから普段から現場とコミュニケーションを良くしている
情報
現場に出過ぎて石見くんには事務を任せっきりで申し訳ない
畠山さん第２工場からお電話です
何、安全装置に不具合⁉すぐ行く！
本当に現場第一だな

つづく

画・松沢秀和

第22話　情報は早めに現場へ

【前回までのあらすじ】　石見の上司は、現場第一主義の畠山部長。守たちにヒヤリ・ハット報告書の提出率を上げるには、「ミスを責めない」と教える。また、報告書にリスクアセスメントを盛り込もうとするなど改善を進めていた。

①
いやあ、すまん、すまん
第２工場の件、ようやく片付いたよ

②
責任者の方は大変ですね
姫様に気をつかわせて…何と言っていいやら…

③
アンゼンマター低下の影響か…
この国の事業場では安全担当者が減ってね
ウチはまだいいほうだが、事業場によっては専任の担当者がおけず兼務が当然のようになっている

④
安全に人と費用をかけられない由々しき状態がこのところ続いているんだ…

⑤

⑥
板多さん…

⑦
僕たちがきっと、この国を救ってみせる…

【ストーリー】 引っ越しのアルバイト中になぜか「安全の国」に送りこまれた井ノ地守（いのちまもる）と先輩の板多。その安全の国ではエネルギーである「アンゼンマター」が低下し、荒廃の危機にあった。神託によりアンゼンマターを取り戻すカギは、守たちが安全衛生を学ぶことという。安全ハカセの指導の下、今日も授業が始まる。

ヒヤリ・ハットは
大体が思いもかけない
ときにおきるものだ
危険への気配りがなくなった
ときは要注意だね
集まった情報は
どうやって生かす
のですか？
朝礼時、終了時、
作業開始前の
ミーティングのときなど
全員に知らせている
対策を考えるのは大事だが、
危険のシグナルはできるだけ
早く現場に伝えなければ
予防としての効果がないからね
キケン

職場ごとでは、
ヒヤリ・ハットが
起きたら、
ホワイトボードに
貼り付けた現場見取図
の上にマグネットで
印します
現場見取り図
マグネット
マグネットをおいた場所は、
危険と皆に知らせるのです
それと、改善すべき場所も
すぐに分かるというわけです
さて、終業時間だ！
懇親会ということで、
一杯いこうじゃないか
何！
また、不具合？
すまんが、
若い人同士で
行っててくれ〜
責任者は
本当に
大変だなぁ

つづく

画・松沢秀和

第23話　気づかないヒューマンエラー

【前回までのあらすじ】　石見の事業場でヒヤリ・ハットの集計をする守たち。集まった情報は、早期に現場へ伝えて予防としての効果を狙うと学んだ。

ハカセの書斎

あっ

あった…

この世界と守くんたちの世界がリンクしているのは、間違いないのじゃ

だから、守くんたちに帰ってもらい、

何かしら向こうの世界で貢献してもらわないとこちら側の世界もよくならない…

そう、だが今のままでは守くんたちが帰る方法がない…

……

!

【ストーリー】　引っ越しのアルバイト中になぜか「安全の国」に送りこまれた井ノ地守（いのちまもる）と先輩の板多。その安全の国ではエネルギーである「アンゼンマター」が低下し、荒廃の危機にあった。神託によりアンゼンマターを取り戻すカギは、守たちが安全衛生を学ぶことという。安全ハカセの指導の下、今日も授業が始まる。

授業のテーマは
ヒューマンエラー
じゃ！

⑰

うっかり、
ぼんやり、
錯覚、
もの忘れ、
聞き違い、
思い込み―

人がちょっとしたミスを犯すときというのは、自分でも気づかないものじゃ

⑱

本人が気がつかないかも知れないが、
こうしたミスには、それを引き起こす
要因がある
ただ、ぼんやりとか、うっかりして
いたというだけではなく、
その背後にはそれなりの
理由があるのじゃ
それを知っているのと
知らないのでは、
注意の傾け方が違ってくる
というものじゃ…
……
?

つづく

画・松沢秀和

第24話　ヒューマンエラーの要因・1

【前回までのあらすじ】今の状態では、守と板多は元の世界に帰る術がないことを偶然聞いてしまったシエン。心の動揺を隠せないままヒューマンエラーの授業が始まった。

①
では…
ヒューマンエラーの要因にはどのようなものがあるかの？

②
各人、答えてもらおうか？
ここはグループ討議で進めます

③
はいっ！

④
無知、未熟練、経験不足といったものがあります
知らなかったり、曖昧な記憶のまま作業してしまうなどによる作業者のエラーです
手順は…？

【ストーリー】　引っ越しのアルバイト中になぜか「安全の国」に送りこまれた井ノ地守（いのちまもる）と先輩の板多。その安全の国ではエネルギーである「アンゼンマター」が低下し、荒廃の危機にあった。神託によりアンゼンマターを取り戻すカギは、守たちが安全衛生を学ぶことという。安全ハカセの指導の下、今日も授業が始まる。

さっきの経験不足
とは逆じゃな
慣れてきたときに危険を
甘くみると起きるのじゃ
集団欠陥とは
何でしょう？
職場全体に見られる
安全軽視さ
安全意識の低い
職場ってことかな…
近道、省略本能、
能率本能も大きな
要因といえます
私も発言
させて
ください
なるほど
です！

これは、エネルギー消費を最小にしようとする…
潜在的欲求に基づくエラーとされています
ああ、これは人間の本能がもとにある行動と聞いています
損得で物を判断する人間の特徴ですね
仕事の手順を面倒に感じて、手抜きをして災害に遭ったり…
遠回りを嫌がって、高所から飛びおりたりしてしまう災害がありますね
わい
わい
つづく

画・松沢秀和

第25話　ヒューマンエラーの要因・2

【前回までのあらすじ】　ブレーンストーミング的にヒューマンエラーの要因を出し合う守たち。無知、未熟練、危険軽視、慣れなど次々に挙げていく。わきあいあいの雰囲気のなか、シエンだけは輪の中に入れていないのだった。

【ストーリー】 引っ越しのアルバイト中になぜか「安全の国」に送りこまれた井ノ地守（いのちまもる）と先輩の板多。その安全の国ではエネルギーである「アンゼンマター」が低下し、荒廃の危機にあった。神託によりアンゼンマターを取り戻すカギは、守たちが安全衛生を学ぶことという。安全ハカセの指導の下、今日も授業が始まる。

この手のミスは
時間的圧迫を
受けるので、
頭がパニックになり
適切な判断や指示が
できなくなります
ですので、
普段からの訓練
が重要ですね
単純な反復動作による意識レベルの低下
というのもあります
単純な動作が繰り返されることで、
集中力や注意力がなくなって、
引き起こしてしまうエラーです
疾病、疲労、体質、
急性中毒といった
ものもあります
平常時と異なる
肉体的条件下などで
起こるエラーです

⑰
体調だけではなく…
⑱
心の状態が不安定なときも要注意です…
⑲
見間違い、聞き違いもありますが…
錯覚も代表的なエラーでしょう！
⑳
思い込みや先入観が激しくて起きることもあるよ…なっ！
㉑
何ッ！
私が思い込みが激しい人間だっていいたいのっ！
㉒
だいたい、私は今…
㉓
アンタたちが元の世界に戻れないことを心配してるのよっ！
エッ
㉔
あ…
つづく

画・松沢秀和

第26話　管理サイドのエラーも要因

【前回までのあらすじ】ヒューマンエラーについて、グループ討議形式で要因を挙げていった守たち。授業中、板多がからかったことでシエンは爆発。守たちが、元の世界に帰れないことを暴露してしまった。

①

② ヒューーーー…

③

④ あわわ

⑤

⑥ なんだ、

そんなことか…

⑦ つまらんことで、授業中に大声だすなよな！

えっ？

⑧ ハカセ！

授業はまだ終わっていません

⑨ 続けて下さい！

【ストーリー】引っ越しのアルバイト中になぜか「安全の国」に送りこまれた井ノ地守（いのちまもる）と先輩の板多。その安全の国ではエネルギーである「アンゼンマター」が低下し、荒廃の危機にあった。神託によりアンゼンマターを取り戻すカギは、守たちが安全衛生を学ぶことという。安全ハカセの指導の下、今日も授業が始まる。

管理者自身は、教えた、伝えたつもりでも、相手の受け止め方や状況によっては、一方通行のままのことがよくあるのじゃ
これは管理する側の確認ミスとして用心する必要がある
労働環境面での注意点としては…
急激性…停電などのトラブル、機械の自動から手動へのトラブル
消えた！
知覚…照度が低くて見えにくい、騒音で聞きにくい
?
天候…暑熱・高温、寒冷・低温、降雨・降雪、高湿度、強風
ギラ
ギラ
月曜病…休日明け、長期休暇・連休後の作業
マンデー
などが挙げられるの

ここまでヒューマンエラーの発生要因を見てきたが、
ちょっとしたミスや思いがけないエラーにも、
複雑な理由がからんでいるのだということが、
お分かりになったかな
しまった…

人間の不安全行動は、
規則や基準だけでは
防ぎきれない面が多々ある
だからこそ現場への目配り、
気配りは、欠かすことが
できないといえるの

本日は、
ここまでとしよう

・・・・・

つづく

画・松沢秀和

第27話　1mは一命とる

【前回までのあらすじ】思わず、元の世界に戻れないことをばく露してしまったシエン。だが意外にも守と板多の反応は冷静だった。何事もなかったようにヒューマンエラーの授業は続いたが、授業終了後はなんとなく気まずい雰囲気に…。

①

② この世界の居心地が良すぎて、帰ること忘れてましたね

③ だな

④ 救世主だなんてめっそうもないと思ってたけど、どこかで浮かれてましたね

⑤ だな

⑦ 学業が中途半端になって大学に自分の居場所を見失ってました

【ストーリー】引っ越しのアルバイト中になぜか「安全の国」に送りこまれた井ノ地守（いのちまもる）と先輩の板多。その安全の国ではエネルギーである「アンゼンマター」が低下し、荒廃の危機にあった。神託によりアンゼンマターを取り戻すカギは、守たちが安全衛生を学ぶことという。安全ハカセの指導の下、今日も授業が始まる。

そんなとき、この世界に連れてこられて
何やら使命が与えられて、自分の
存在意義を見出すことができました

オレなんか、
元の世界に
帰りたい
なんて思いも
しなかった

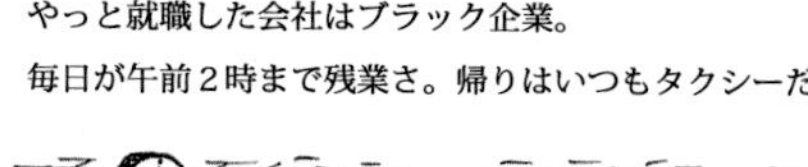

長時間労働で、こころを病む人が多くてな、
メンタルヘルス不調者やうつ病が続出さ。
脳・心臓疾患になる人がいなかったのは
奇跡としかいいようがないな

ずっと仕事ばかりで人生に意味が見出せなくなってな。
ある日、たまたま終電に間に合って、
駅のホームに立ってたんだよ

0:35 最終

どういうわけか、
電車に飛び込みたい
という衝動にかられた

⑮
すぐ、われにかえったけど…
⑯
そのときだな
このままじゃ
危ないと思って
会社を辞めよう
と思ったのは…
⑰
そんなことがあったん
ですか…
⑱
だいたいに運が
悪いのはウチの
家系なんだ
⑲
ウチのオヤジは建設現場で働いていたんだが、
たかだか１ｍの高さの作業台から墜落して、
亡くなってしまったんだ。落ちた先の床が
コンクリートでな。頭を打ってしまった
⑳
そんなわけで、オレが今、
安全衛生に熱心になって
いるのはオレ自身のためと
オヤジの弔いにある
㉑
「1mは一命とる」
じゃな

ハカセ…
たかだか 1m でも例えば身長が 170cm
あれば頭頂から床面は 2m70cm になる。
致命的な災害になるのは確かじゃ
1.7m
1m
父君は気の毒じゃったな
お悔やみ
申し上げる
いいわけになるかも
しれないが、君たちを
帰すシステムは
もう少しで
できる
あと一つが
解けないんじゃ…
そうですね…
それに僕たちまだ、
安全衛生を完全に学んだ
わけではありませんし…
待ちますよ
2人ともありがとう！
私の心配は
いったい
何だったの？

つづく

画・松沢秀和

第28話　ヒューマンエラーを防ぐには

【前回までのあらすじ】　元の世界に戻れないことを知った守と板多。意外と現状に満足している自分たちを反省していた。そんなとき、ハカセは元の世界に戻れるシステムはもうすぐできると正直に告白。誠実な対応に2人はハカセに信頼を寄せた。

①
いやぁー
一時はどうなることかと思いましたよ
本当ですよねー

②
ホント、すまん
ご迷惑、おかけしました

③
でも、

④
一番迷惑かけたのは…

⑤
お前じゃないのか？
なんですって！

⑥
まぁ
まぁ
まぁ

【ストーリー】 引っ越しのアルバイト中になぜか「安全の国」に送りこまれた井ノ地守（いのちまもる）と先輩の板多。その安全の国ではエネルギーである「アンゼンマター」が低下し、荒廃の危機にあった。神託によりアンゼンマターを取り戻すカギは、守たちが安全衛生を学ぶことという。安全ハカセの指導の下、今日も授業が始まる。

⑦
あの…

⑧
ごめんなさい…
さ、これで終わりにしましょう

⑨
そうだな
そうですね

⑩

⑪
なんと、清々しい若者なのじゃ！

⑫
やはり、本当に救世主なのかもしれん…

⑬
さぁて、授業の続きをするゾ

⑭
今日のテーマはヒューマンエラーの防止についてじゃ
⑮
ヒューマンエラーを防ぐには、発生要因の一つひとつをつぶしにかかれば、いいわけなのじゃが…
発生要因
そのためには、組織をあげての取組みが必要になる
⑯
現場レベルで実践性や即効性が期待できる対策を考えるとなると
⑰
やはり作業者個人に焦点を当てた方法が有効じゃな
⑱
何といっても、
エラーを犯す当事者は現場の人間なのだから…

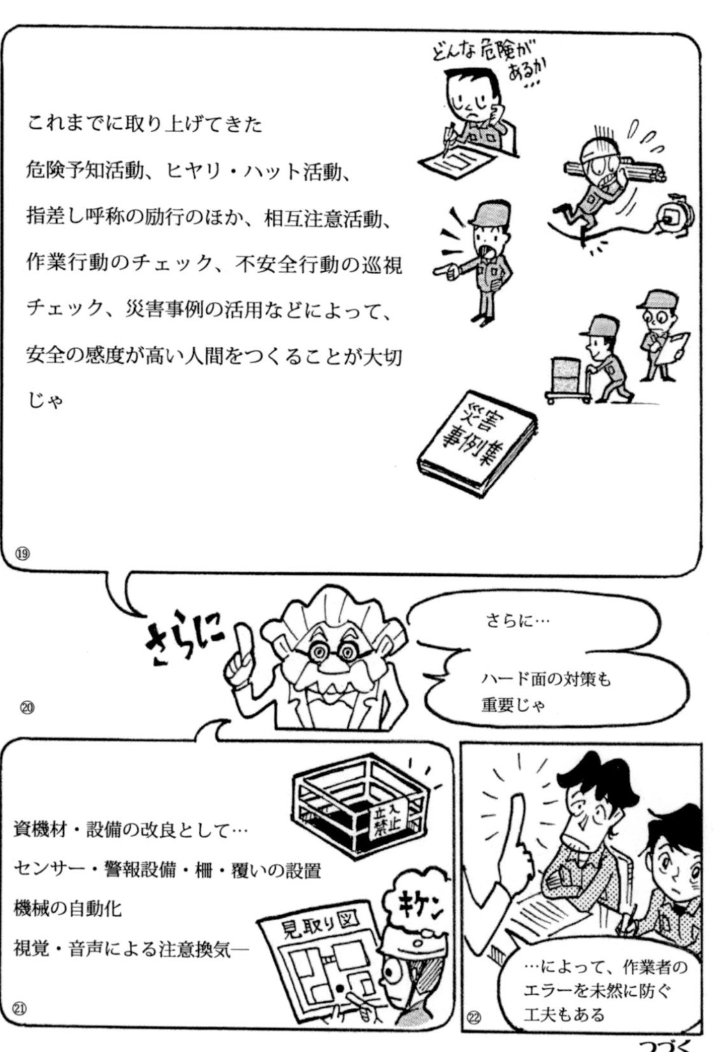
これまでに取り上げてきた
危険予知活動、ヒヤリ・ハット活動、
指差し呼称の励行のほか、相互注意活動、
作業行動のチェック、不安全行動の巡視
チェック、災害事例の活用などによって、
安全の感度が高い人間をつくることが大切
じゃ
どんな危険があるか…
災害事例集
⑲
さらに
さらに…
ハード面の対策も
重要じゃ
⑳
資機材・設備の改良として…
センサー・警報設備・柵・覆いの設置
機械の自動化
視覚・音声による注意換気―
立入禁止
見取り図
キケン
㉑
…によって、作業者の
エラーを未然に防ぐ
工夫もある
㉒
つづく

画・松沢秀和

第29話　錯覚を防止する

【前回までのあらすじ】　元の世界に戻れなくともハカセを信じてシステム開発まで待つと決めた守と板多。石見たちに心配かけたとして素直に謝罪。ヒューマンエラーの授業を続けることになった。

【ストーリー】引っ越しのアルバイト中になぜか「安全の国」に送りこまれた井ノ地守（いのちまもる）と先輩の板多。その安全の国ではエネルギーである「アンゼンマター」が低下し、荒廃の危機にあった。神託によりアンゼンマターを取り戻すカギは、守たちが安全衛生を学ぶことという。安全ハカセの指導の下、今日も授業が始まる。

⑫
そうそう
⑬
主語をハッキリ
したほうがいいと
畠山さんが
いってました
主語をはっきりと！
⑭
命令を復唱させたり
するのも効果的かな
復唱します
⑮
文書で確認するのも、
ミスを防ぐにはよい
方法ではない
でしょうか
⑯
だんだん調子が
でてきたようじゃな
⑰
では、点検漏れを
防ぐにはどうする？

点検ポイントがよく
理解できるように
教育したり…
チェックの方法を
工夫したり…
点検のポイントは…
チェック
ポイントが
分かるように
災害の怖さを
教える教育も
効果的と
思います！
ー事故例ー
それと、
自信過剰が
原因のエラーも
あると思います
それには、事前に
学習して知識不足を
補ったり、きちんと
確認するよう
ルールを作ったり
するといいのでは
ないでしょうか
過信を防ぐ！
知識
確認ルール
5W1H
ずいぶん、
積極的だな…
昨日の分、
取り返さなくっちゃ！

つづく

ようこそ安全の国

画・松沢秀和

第 30 話　思い込みが原因のエラー

【前回までのあらすじ】　ヒューマンエラー対策をグループ討議で話し合う守たち。視覚、聴覚による錯覚、点検漏れ、自信過剰が原因で起きるエラーを防ぐには、どうしたらよいか意見を交わした。

さて、ヒューマンエラーの原因には「思い込み」があったと思う

①

【ストーリー】 引っ越しのアルバイト中になぜか「安全の国」に送りこまれた井ノ地守（いのちまもる）と先輩の板多。その安全の国ではエネルギーである「アンゼンマター」が低下し、荒廃の危機にあった。神託によりアンゼンマターを取り戻すカギは、守たちが安全衛生を学ぶことという。安全ハカセの指導の下、今日も授業が始まる。

仕事を交替させてみたり…
チェンジ
誰かと仕事を共同して当たらせて、他人と協調する習慣をつけるというのはどうでしょう
せーの
そうじゃな
人と協調するとき気をつけたいのは、連絡ミスですね
そうですね
内容を取り違えないよう、確認することが大切ではないでしょうか
指示書を上手に使うことも重要だな
指示書通りに！
はい

ほかにはどうかの？
はい！
エラーが起きる前には何らかの兆候がみられる場合があります
この兆候をキャッチできないと、災害につながってしまうことがあると畑山さんが言ってました
兆候…
上司が対応方法を考えたり…
狼少年的な警報は基準を見直すのもよいかと思います
オオカミだー
ワイ
ワイ
ガヤ
ガヤ
なかなかいい感じの授業ができたの！

つづく

画・松沢秀和

第31話　見過ごされた危険源

【前回までのあらすじ】ヒューマンエラー対策をグループ討議で活発な議論を行った守たち。皆が真剣に意見を交わす姿を見てハカセも満足だった。

①
久しぶりの授業も楽しかったの
守くんたち、今日は、どこに行きました？

②
畠山部長のところじゃよ

③
何でも、安全パロトールに同行するそうじゃ
……

④
さて、

⑤
工場事務所
パトロールに行くとしよう！

⑥

【ストーリー】　引っ越しのアルバイト中になぜか「安全の国」に送りこまれた井ノ地守（いのちまもる）と先輩の板多。その安全の国ではエネルギーである「アンゼンマター」が低下し、荒廃の危機にあった。神託によりアンゼンマターを取り戻すカギは、守たちが安全衛生を学ぶことという。安全ハカセの指導の下、今日も授業が始まる。

⑪
今日は、この第二倉庫を重点にチェックしていきましょう

⑫

⑬
あ～っ　こんなに散らかっている…

⑭
もえる
もえない
紙類
ペット
カン

先に行ってて
ください
後で
厳重注意
だ!
たくさん、
フォークリフト
走ってますね
棚だらけで、死角が多くて…
結構、危険なんですよ
ですから、通行区分を
分けるなどルール化を
しています
ここでは出会い頭の
事故を防止するため、
標示板を立てました
止まれ

あれ、
こんな
ところに
ヒビ？

お〜いっ

何してんだ〜

走らないでね

はいっ…

後で
石見さんに
言って
おけば
いいか…

どうだった？

広くて大変だったろ

はいっ！

つづく

画・松沢秀和

第32話　遅れた報告

【前回までのあらすじ】　安全パトロールに同行することになった守と板多。守は床のヒビ割れに気がつくも、報告をすることはなかった。その後、若手社員の猪狩が荷物を運んでいたところ、ヒビにつまずいて転倒、そのときフォークが走ってきた。

【ストーリー】 引っ越しのアルバイト中になぜか「安全の国」に送りこまれた井ノ地守（いのちまもる）と先輩の板多。その安全の国ではエネルギーである「アンゼンマター」が低下し、荒廃の危機にあった。神託によりアンゼンマターを取り戻すカギは、守たちが安全衛生を学ぶことという。安全ハカセの指導の下、今日も授業が始まる。

ここは冷えますよ

明日、前倒しで
安全衛生委員会が開かれる
ことになりました
僕と板多さんは
オブザーバーで参加します

猪狩くん、床のヒビ割れに
つまずいて、フォークに
ひかれそうになったんです

あのとき、僕がすぐに
平野さんに伝えていれば、
もっと早く注意を呼びかける
ことができたんです

守さんの
その優しい
気持ち、
事故には
ならなかった
けど…
最悪の事態も
起こり得た…

猪狩さんに
伝わると
いいですね

会議室
これより、
安全衛生委員会を
始めます！

つづく

画・松沢秀和

第33話　安全衛生委員会が開かれる

【前回までのあらすじ】　畠山と石見の勤務する工場で、重大ヒヤリが発生した。ヒヤリ・ハットの検証をするために前倒しで安全衛生委員会が開かれることになった。一方、守は自分の報告が遅れたことで重大ヒヤリが起きたと自責の念にかられる。

①

日程を前倒しにしたにもかかわらず、欠席者はいません

皆さんの災害防止にかける熱意に感服いたします

②

定数を満たしていますので、安全衛生委員会は成立です

それでは議長、お願いいたします

③

この１カ月、労働災害はゼロです

皆様の努力に感謝いたします

松谷議長（工場長）

④

しかし、

すでにご存知のことでしょうが

昨日、従業員がフォークリフトにひかれそうになるという重大ヒヤリが発生しました

⑤

災害を未然に防ぐ観点からこれについて検証を行いたいと思います

その前に…

【ストーリー】　引っ越しのアルバイト中になぜか「安全の国」に送りこまれた井ノ地守（いのちまもる）と先輩の板多。その安全の国ではエネルギーである「アンゼンマター」が低下し、荒廃の危機にあった。神託によりアンゼンマターを取り戻すカギは、守たちが安全衛生を学ぶことという。安全ハカセの指導の下、今日も授業が始まる。

⑥
高橋先生、
猪狩くんの様子はどうですか？

⑦
産業医・高橋
転倒でのケガはありません

⑧
昨日はショックを受けていましたが、一晩経って落ち着きを取り戻しました

⑨
明日は職場に戻って大丈夫でしょう
それは、よかった

⑩

⑪
高橋先生、
しばらくはメンタルのケアをお願いします
分かりました

⑬
フォークの運転者の
木戸さんと関係者から
証言を合わせて
確認したところ…
過積載やスピード違反は
認められませんでした

⑭
それと

⑮
猪狩くんが運んでいたのは、
プラスチック製の製品で
重量は 1 kg もありません。
重くて体のバランスを崩した
ということはなさそうです

⑯
作業的には、
問題ないわけ
だね

⑰
そう、
いえそう
です
これを見て
下さい

⑱
止まれ
転倒の直接原因は、床のヒビ割れと思われます
これにつまずいて、フォークの通行区分に
でてしまったと推測されます

⑲
ヒビへの
対応は？

早速昨日、業者にお願いして
早急に修繕していただきました
さすが、
動きが早いね
倉庫も築30年が経つ…
毎日、たくさんの
フォークが走っている…
いろいろな箇所が
老朽化している
のだろう
でも、
点検やパトロールで
気がつかなかったのは
なぜだろう？
すくッ
すみません
いい
ですか…
おいっ
オレたち
オブザーバーだぞッ
構わないよ
何でしょう？
昨日、
重大ヒヤリが
起きる前に
安全部の
パトロールに
同行して
いました
そのとき、僕も
ヒビにつまずき
ましたが、
転倒はしません
でした
後で報告しようと
思ったのですが、
失念しました…

つづく

画・松沢秀和

第34話　スイスチーズモデルの理論

【前回までのあらすじ】　安全衛生委員会で、フォークリフトにひかれそうになるというヒヤリ・ハット事例の検証が始まった。オブザーバーとして参加する守と板多。猪狩の転倒の原因となった床のヒビに気がつきながら、報告を怠ったと守は告白した。

①

②
床のヒビ割れの件ですが…

③
職場の人に聞くと、何人かは気がついていたそうです

④
ただ、つまずく人はいなかったとか…

⑤
つまずいたのは井ノ地さんが最初だったのかもしれません…

【ストーリー】 引っ越しのアルバイト中になぜか「安全の国」に送りこまれた井ノ地守（いのちまもる）と先輩の板多。その安全の国ではエネルギーである「アンゼンマター」が低下し、荒廃の危機にあった。神託によりアンゼンマターを取り戻すカギは、守たちが安全衛生を学ぶことという。安全ハカセの指導の下、今日も授業が始まる。

ここは責任追及の場じゃない…
再発防止のために何をすべきか考える場だよ
やれやれ…
前倒しで委員会が開かれるというから何かあったかと思えば…
中尾先生！
まるで、スイスチーズモデルだな
労働安全衛生コンサルタント 中尾
スイスチーズモデル？

英国の心理学者、ジェームズリーズンが提唱する考え方だ
スライスしたスイスチーズにはたくさんの違った形の穴がバラバラに開いている。
チーズの枚数が少ない
危険の顕在化
事故を起こさないためには枚数を多くして、穴のないところで危険を食い止めるというわけだ
このチーズを防御壁と見立てる。枚数が少ないと危険事象がすり抜けてしまう。
チーズの枚数が多い
危険回避
食い止め
今回は…
報告漏れ
パトロールへの不参加
危険があっても感じない職場風土…
穴を見事に通過してしまったか、
チーズの枚数が少なかったのか…
もっとも、
フォークの運転者が最後のチーズを立てたわけだが…
ピタッ
さて、
どうしたものかな
つづく

画・松沢秀和

第35話　安全スタッフの増員を！

【前回までのあらすじ】　安全衛生委員会で重大ヒヤリの検証が行われていたが、守の告白をきっかけに皆の謝罪の場になった。そんなとき、労働安全衛生コンサルタントの中尾が現れる。

【ストーリー】　引っ越しのアルバイト中になぜか「安全の国」に送りこまれた井ノ地守（いのちまもる）と先輩の板多。その安全の国ではエネルギーである「アンゼンマター」が低下し、荒廃の危機にあった。神託によりアンゼンマターを取り戻すカギは、守たちが安全衛生を学ぶことという。安全ハカセの指導の下、今日も授業が始まる。

⑤
安全のノウハウを受け継ぐ人が必要なんです！

⑥
それと、
パトロールのやり方を見直す必要があるんじゃないのかな？

⑦
今回のヒヤリは、パトロールで不備が発見できなかったのが一因といえそうだ…

⑧

⑨
失敬、失敬、
でしゃばりすぎたかな…
今回はメンバーではなかったね

元労働基準監督
署長で、退官後は
コンサルタント
事務所を開いて
るんです…
中尾さんて
何者なんですか？
工場長は、中尾さんが現役の
ころからお世話になってて、
大変尊敬しているんだ
へぇー
工場長！
中尾先生のお話
もっともだと
思います
う～ん
でも経費に
からむ
話だからなぁ
工場長…
万が一、労働災害が起きたら、
それこそ莫大な経費がかかるのは、
工場長が一番お分かりのことでしょう…
イテテテテ…
経費

従業員の
安全のため、
ここはひとつ英断
なされてはいかが
でしょう
ね…
たしかに…
工場長！
私たち
からも
お願いし
ます！
そこまで皆が
いうのなら…
ちょっと
人事と相談してみよう

つづく

ようこそ安全の国

画・松沢秀和

第36話　パトロールの目的

【前回までのあらすじ】　安全衛生委員会に突然現れた中尾労働安全衛生コンサルタントは、安全スタッフの増員とパトロールの見直しを求めた。皆の声に押される形で、松谷工場長は安全部のメンバーを増やすことを検討する。

【ストーリー】引っ越しのアルバイト中になぜか「安全の国」に送りこまれた井ノ地守（いのちまもる）と先輩の板多。その安全の国ではエネルギーである「アンゼンマター」が低下し、荒廃の危機にあった。神託によりアンゼンマターを取り戻すカギは、守たちが安全衛生を学ぶことという。安全ハカセの指導の下、今日も授業が始まる。

２つめは
安全衛生水準の
把握にある
安全衛生計画を定めるに当たって、
自職場の現状を正確に把握し評価
しなければならないためだ
安全衛生計画表

最後は…
部下の
教育と育成だ

不安全行動を
見つけたら、
相手が納得いく
まで指導する

逆に作業行動が素晴らしいときは、
大いに感謝して評価する
安全意識の高まりにもつながる

具体的には
どんな点を
見ていくの
でしょう？

うむ
まずは５Ｓの状況だ
安全の基本だね
それと人の不安全行動だ
通路の確保や物の置き場所
不安全行動は瞬間的に行われることが多い。ここを捉えて指導することがポイントといえる
もちろん
設備・機械の不安全状態のチェックも忘れてはならない
作業が手順書にあっているか、毎日の安全サイクルどおりに活動できているかの確認も重要だ
それと…
今回は新人くんや救世主くんがいるから
改めて説明するとしよう
パトロールは、いろいろな形がある
主要なのでいえば、「経営者層や安全衛生委員会巡視」がある
これは、全体的な安全意識の高揚を図るのが目的だ
日常的なものでいえば「管理監督者や職長の巡視」「作業員の参加巡視」かな
職場の状況把握はもちろん実情に合った対策の樹立と改善が目的だ
そのほか
連携強化を目的とした「協力会社との合同巡視」
労使協調を図る「労働組合巡視」などがある

つづく

画・松沢秀和

第37話　計画と準備が大切

【前回までのあらすじ】　安全衛生管理体制強化のため、平野課長と猪狩が新たに安全部に加わった。新たな陣容となった安全部のメンバーは中尾労働安全衛生コンサルタントからパトロールについて指南を受ける。

【ストーリー】 引っ越しのアルバイト中になぜか「安全の国」に送りこまれた井ノ地守（いのちまもる）と先輩の板多。その安全の国ではエネルギーである「アンゼンマター」が低下し、荒廃の危機にあった。神託によりアンゼンマターを取り戻すカギは、守たちが安全衛生を学ぶことという。安全ハカセの指導の下、今日も授業が始まる。

事前に準備することで、
より鮮明に巡視ポイントが
イメージでき、見落としも
防ぐことができる
職場巡視チェックリスト
なるほど…
重要事項を見落と
さないよう、項目に
あらかじめマークを
つけておくというの
はどうでしょう
うん、
それいいね！
もうひとつ…
巡視する者は模範に
ならなければならない
服装、保護具は正しく
着用する必要がある
パトロールで
必要なアイテム
は…

腕章、チェックリストやメモ道具…

安全パトロール

チェックリスト

懐中電灯、デジタルカメラ…
といったところかな

そういえば

前回のパトロールで
腕章するの忘れて
いました…

小道具もあまりなかったな

人数増えたけど
腕章、あったっけ？

つづく

画・松沢秀和

第38話　作業員との対話も重要

【前回までのあらすじ】　中尾労働安全衛生コンサルタントから、パトロールの講義を受ける安全部のメンバー。計画と準備がポイントであることを学んだ守たちだった。

第二倉庫のパトロール、よろしく！

今回は、君たちの研修の意味合いが強いが、これも業務の一環だから！

では、

お互いに服装をチェックしよう

ヨシ!!

ヨシ!

パトロール員が、だらしない格好をしていては説得力がないからね

パト中は、ポケットハンド厳禁！

【ストーリー】引っ越しのアルバイト中になぜか「安全の国」に送りこまれた井ノ地守（いのちまもる）と先輩の板多。その安全の国ではエネルギーである「アンゼンマター」が低下し、荒廃の危機にあった。神託によりアンゼンマターを取り戻すカギは、守たちが安全衛生を学ぶことという。安全ハカセの指導の下、今日も授業が始まる。

⑪
やっぱり
経験ですか？
⑫
それもあるが、
感受性かな…
⑬
キケンをキケンと
捉えられる感性を
磨くことだね
むむっ
キケン!!
なるほど…
⑮
ご安全に！
ご安全に！
⑯
ゴミがひとつも
落ちてなくて、
きれいな職場
ですね
⑰
ありが
とう
ござい
ます！
⑱
そういえば、
重大ヒヤリの原因
になった床のヒビ
きれいに
直りました！
それは
よかった！
⑭

⑲
作業員の方と対話する
ことも大切なんですね
⑳
そう、
職場の情報が分かったり
ときには災害の芽も事前に
発見できるからね
それと
よいことは褒める！
職場のモチベーション
アップにつながる
㉑
ああ
私に欠けていた
ところだなぁ
㉒
なぁ～に
慣れだよ、
慣れ
㉓
㉔
㉕
㉖
パト終了
事務所に戻ろう！

つづく

画・松沢秀和

第39話　作業開始前の点検

【前回までのあらすじ】中尾労働安全衛生コンサルタントの指導の下、パトロールを実施した守たち。パトロールを行うときのルールや着眼点を学んだ。

①

ここの現場ですが…

5Sがよくできていて、

道具もきれいに揃えられていました

②

…以上です

③

はい、

終了かな…

④

このパトロール結果は、後で現場にフィードバックするんだ

職場の人が気づいていなかった所を、われわれが新たな視点で提供する

それが、私たちの役目だ

【ストーリー】　引っ越しのアルバイト中になぜか「安全の国」に送りこまれた井ノ地守（いのちまもる）と先輩の板多。その安全の国ではエネルギーである「アンゼンマター」が低下し、荒廃の危機にあった。神託によりアンゼンマターを取り戻すカギは、守たちが安全衛生を学ぶことという。安全ハカセの指導の下、今日も授業が始まる。

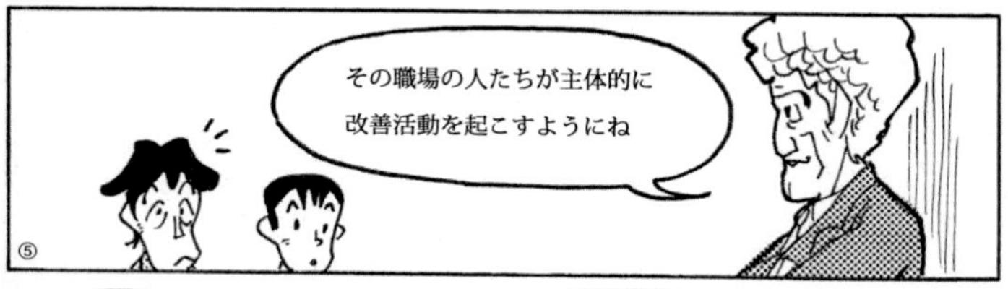

① 作業場所は安全か

② 作業設備は安全か

③ 作業方法はよいか

④ 保護具はよいか

⑤ 使用機械はよいか

⑬

①作業班の全員、またはなるべく多くの人の意見を取り入れる
②作業の進行（流れ）に合った項目を決める
③毎月、少なくとも１回は項目を決める
④法定事項を必ず入れる
⑤過去に発生した災害の、その要因となった事項を入れる
⑥安全パトロールで指摘された事項を入れる
⑦その他、安全確保に必要と思われる項目

つづく

画・松沢秀和

第 40 話　点検で異常が見つかったら？

【前回までのあらすじ】　パトロール終了後のミーティングを終えた守たち。作業開始前点検の方法を従業員から尋ねられた守は、中尾労働安全衛生コンサルタントに相談する。

【ストーリー】 引っ越しのアルバイト中になぜか「安全の国」に送りこまれた井ノ地守（いのちまもる）と先輩の板多。その安全の国ではエネルギーである「アンゼンマター」が低下し、荒廃の危機にあった。神託によりアンゼンマターを取り戻すカギは、守たちが安全衛生を学ぶことという。安全ハカセの指導の下、今日も授業が始まる。

退避に備えて…

①警報装置を備えておくこと

②避難用具を備えておくこと

③避難を確実に行うため、避難および消火などの訓練をしておくこと

―をしておく必要がある

⑮
ありがとう
ございました
お疲れ様
でした
⑯
⑰
畠山くん…
!?
⑱
いい青年たち
じゃないか…
ぺっ
くん
じょん
⑲
⑳
本音をいえば
部下にしたい
ところです
㉑
ああいう
若者が
いる限り
この国はきっと
立ち直ることが
できるだろう
㉒
実は引退を
考えていたんだが
もう少し頑張って
みることに
したよ
先生！
㉓
まだまだ若い
者には負け
られんよ！

つづく

画・松沢秀和

第 41 話　リスクの大きさを評価

【前回までのあらすじ】　点検で異常が見つかったとき、どう対処したらよいか中尾労働安全衛生コンサルタントに質問した守。危険があったときは「作業中止」「退避」が大切と教えられたのであった。

よいしょ！

よいしょ！

あっ！

エッ！

ザッ

【ストーリー】　引っ越しのアルバイト中になぜか「安全の国」に送りこまれた井ノ地守（いのちまもる）と先輩の板多。その安全の国ではエネルギーである「アンゼンマター」が低下し、荒廃の危機にあった。神託によりアンゼンマターを取り戻すカギは、守たちが安全衛生を学ぶことという。安全ハカセの指導の下、今日も授業が始まる。

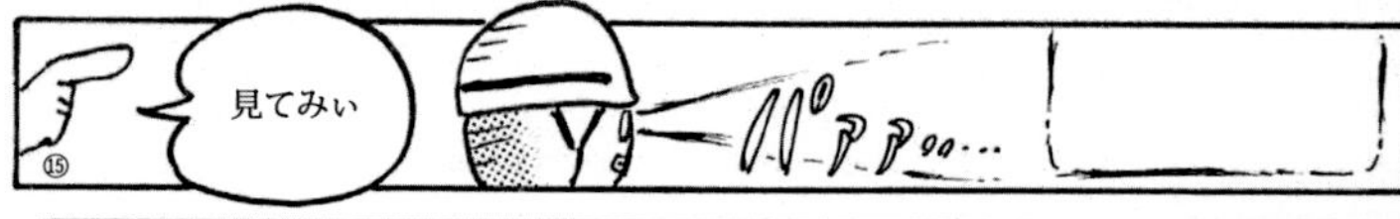

⑯

被害の重篤度	基準	点数
致命傷	死亡または、手足の切断・失明などの重大な後遺障害（障害等級１～７級）を発生しうる危険	10
重篤度	２カ月以上の休業、または後遺障害（障害等級８～14 級）を発生しうる危険	7
中度災害	２カ月未満の休業を発生しうる危険	5
軽度災害	不休もしくは微傷なケガを発生しうる危険	3

⑱

災害発生の可能性	基準	点数
大きい	３カ月に１回程度以上	7
中くらい	年に１回程度	5
小さい	10 年に１回程度	3

リスク評価	レベル	点数
危険すぎる	Ⅳ	49 点以上
危険	Ⅲ	30 ～ 48 点
やや危険	Ⅱ	20 ～ 29 点
許容可能	Ⅰ	19 点以下

つづく

画・松沢秀和

第42話　リスク低減策を実施

【前回までのあらすじ】　スロープを通って台車で荷を運ぼうとしたシエン。思わず手が離れて暴走し、危なく板多にぶつかるところだった。通りがかったハカセの提案でリスクアセスメントを行うことに…。

①
さて、
リスクを低減する対策を検討しよう

②
そのためには、
災害の重篤度と
災害発生の可能性の
どちらか、もしくは
両方を下げることが
必要になる

③
早い話、
災害を起こりにくく
することですよね

④
うむ
万が一、
起きても被害を
小さくするという
視点も重要じゃ

⑤
え～と

【ストーリー】 引っ越しのアルバイト中になぜか「安全の国」に送りこまれた井ノ地守（いのちまもる）と先輩の板多。その安全の国ではエネルギーである「アンゼンマター」が低下し、荒廃の危機にあった。神託によりアンゼンマターを取り戻すカギは、守たちが安全衛生を学ぶことという。安全ハカセの指導の下、今日も授業が始まる。

今、改善を行っているところじゃ
マンガって
便利ですね…
完成じゃ！
試しに通って
みたまえ
はい！

⑮
⑯
な～るほど
これなら、安全ですね
⑰
重篤度５×可能性３で 15
ですかね
レベルはⅠ
リスクが低減
できたの
⑱
あ～ぁ
またお前の
おっちょこちょいに付き
合ってしまったか…
⑲
何です
って！
⑳
やれやれ
言葉には危険が
潜んでるもん
なんじゃよ
通路走るのも
危険ですよ～

つづく

画・松沢秀和

第43話　侮るなかれ健康管理

【前回までのあらすじ】シエンが台車でスロープを下っているときに、台車が手を離れあやうく板多にぶつかりそうになった。板多とハカセはリスクアセスメントで安全に作業できるよう改善した。

①

②
ギ…
MAMORU
ふう…

③

④
最近、
お疲れ気味ですよね…
いやぁ
大丈夫です…

⑤
ちょっと…
トイレに

⑥
大丈夫ですか⁉

⑦
守さん！
守さん！
…

【ストーリー】引っ越しのアルバイト中になぜか「安全の国」に送りこまれた井ノ地守（いのちまもる）と先輩の板多。その安全の国ではエネルギーである「アンゼンマター」が低下し、荒廃の危機にあった。神託によりアンゼンマターを取り戻すカギは、守たちが安全衛生を学ぶことという。安全ハカセの指導の下、今日も授業が始まる。

職場の意見を聞いたり
夜遅くまで勉強したり
頑張っているそうですね――
いや、まぁ…
ちょっと頑張り過ぎ
ちゃったんですかね
いや、そんな…
皆に期待されると、つい
無理をしてしまいます
周囲に隠してまで
仕事しちゃうんです
すると、
そのうち疲労が
たまってきます
当然、
作業能率は低く
なってくるし、
気持ちもイラ
立ってきます
それが
重なって
いくと、
慢性化すると病的な
症状に陥ります
疲労は放っておくと
最悪の場合は…

過労死です
脅かさないでくださいよ
いいえ！
脅しではありません！
体調も一時的なものとタカをくくっているとジワジワ悪化して、取り返しのつかないことになるんです
私がそうでしたから…
…
健康の自己管理は大切なんですよ
あっ
ごめんなさい病み上がりなのに…
いいえ
もしかしたらアレが影響しているのかな…
立ち聞きはよくないですよ
MAMORU
つづく

画・松沢秀和

第44話　ハード面の職場改善

【前回までのあらすじ】　快適職場づくりのリーダーを任された守。皆のために頑張ろうと夜遅くまで勉強しすぎて、睡眠不足になってしまった。介抱するセフティは、働き過ぎによる過労死を心配した。

①
ブツブツ
やはり、
長くこっちの世界にいたせいで

②
守くんの体力が
落ちとる…

③
２つの世界は
リンクしている――
安全
彼らが元の世界に戻り
災害防止に貢献して
くれればこちらの
世界も安全を取り戻す
ことができる…

④
早く返して
あげたいのは
やまやまだが
え〜い
方法が
分からん
！

⑤
ちょっと
休憩する
か

⑥

【ストーリー】　引っ越しのアルバイト中になぜか「安全の国」に送りこまれた井ノ地守（いのちまもる）と先輩の板多。その安全の国ではエネルギーである「アンゼンマター」が低下し、荒廃の危機にあった。神託によりアンゼンマターを取り戻すカギは、守たちが安全衛生を学ぶことという。安全ハカセの指導の下、今日も授業が始まる。

⑱
こうしては
いられん！
⑲
設定し
過ぎた
かな
ちょっと
早い時間
に
⑳
会議室
㉑
もう、
大丈夫なの？
ご心配おかけ
しました
㉒
㉓
今日は私たちも
よろしくお願いします
㉔
㉕
それでは始めます

今回、快適職場づくりで実施した主な改善点です
工場内ですが、視環境をよくするため縦型の窓で採光性を高めました
併せて事務所内の照明も明るいものに取り替える予定です
人が来る！
通路の曲がり角の死角になる部分にはミラーを取付けました
さらに
通路も人と荷の区分を分かりやすくしました
休憩室には
作業の汚れを落として帰宅できるようにシャワー室のほか洗濯機、乾燥機も設置しました
これらは、ハード面での改善ですが
さらに重要な改善も実施することとします！
間に合ってくれよ！

つづく

画・松沢秀和

最終話　ソフト面の職場改善

【前回までのあらすじ】ハカセのひ孫がチェックの中から現れて特異点を発生させたが、それは2時間後に現れるという。そのとき、守は快適職場づくりの成果を発表していた。急な特異点の出現にハカセは守たちの工場にかけつける。

①

職場のハード面がいかに快適であっても、

人間関係、処遇や労働負荷などの心理的、組織的なソフト面が不快なら

それは快適職場とはいいません！

②

そこで、職場環境のソフト面を把握するために大規模な調査を行いたいと思います！

③

調査結果から職場の課題を洗い出し取組み方法を検討します。

④

そして、ハード面とソフト面の快適化を図り、

【ストーリー】　引っ越しのアルバイト中になぜか「安全の国」に送りこまれた井ノ地守（いのちまもる）と先輩の板多。その安全の国ではエネルギーである「アンゼンマター」が低下し、荒廃の危機にあった。神託によりアンゼンマターを取り戻すカギは、守たちが安全衛生を学ぶことという。安全ハカセの指導の下、今日も授業が始まる。

エッ！
さようなら～
守さんたちのことは
一生忘れません！
あっちの世界でも
がんばるのよ～
ありがとう
ございました！
僕も忘れません！
じゃあな～！
う、う～ん
！
引掛しの
アルバイト
してたんだっけ…
引越
センター

結局、何が救世主
だったんでしょうね
安全衛生の勉強して
いただけだったな…
40年後
○○労働基準監督署
お疲れ様でした
井ノ地署長
安全第一
ありがとう
パチパチパチ
板多さん！
災害件数を
ことごとく
ゼロにする
名物署長も
めでたく
定年だな
いやぁ
スーパーコンサル
タント――いや、
板多さんに助けて
頂いたからですよ
これからは
板多さんと
同じように
事務所開き
ます
それじゃぁ
お祝いといきますか！
長い間ご愛読ありがとうございました。
おわり

ようこそ安全の国

2020年 12月 4日　初版

発行所　株式会社労働新聞社
〒173-0022　東京都板橋区仲町 29-9
TEL：03-5926-6888（出版）　03-3956-3151（代表）
FAX：03-5926-3180（出版）　03-3956-1611（代表）
https://www.rodo.co.jp　pub@rodo.co.jp

原　案　「安全スタッフ」編集長 高野　健一
作　画　松沢　秀和
印　刷　株式会社東伸企画

ISBN 978-4-89761-835-7